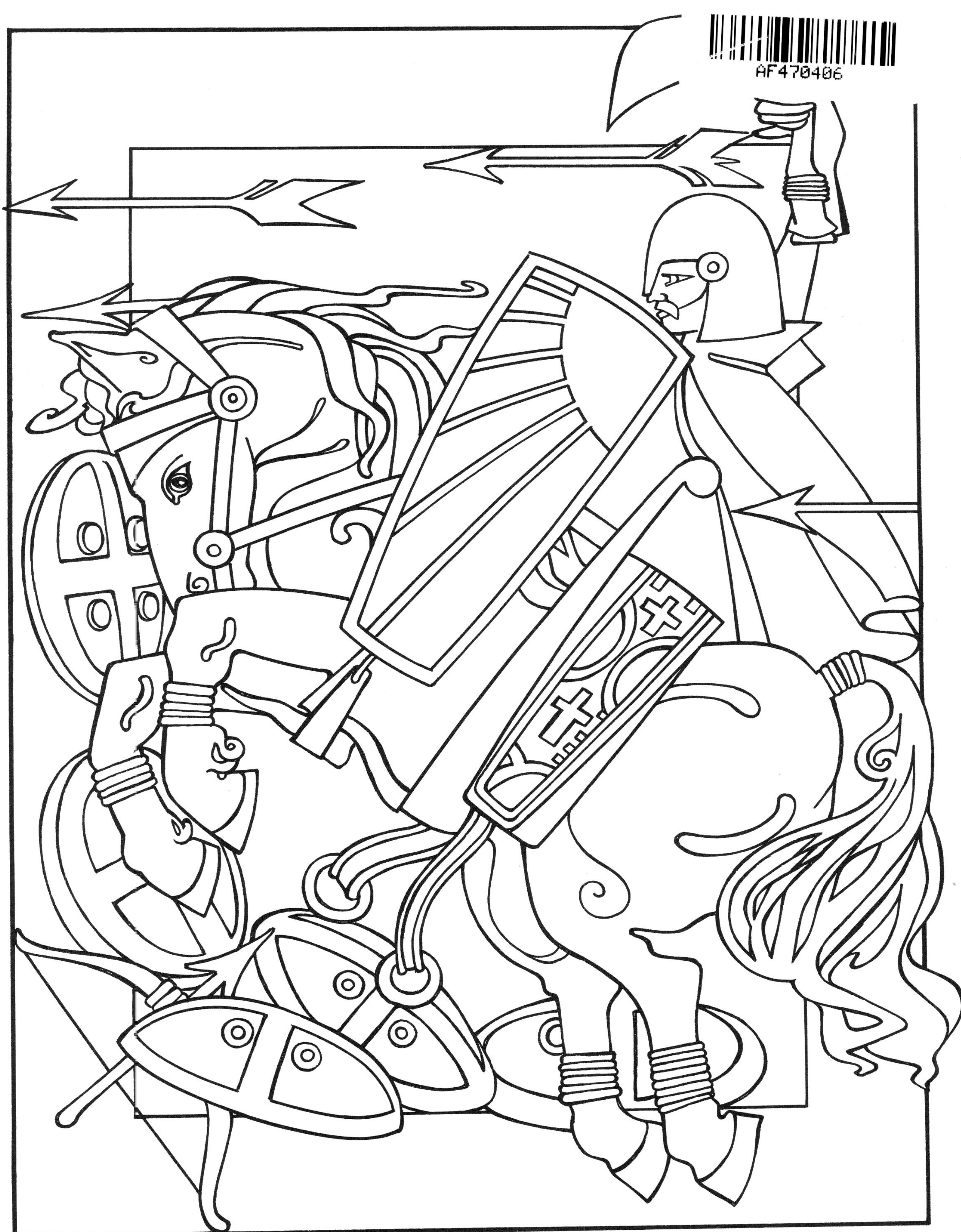

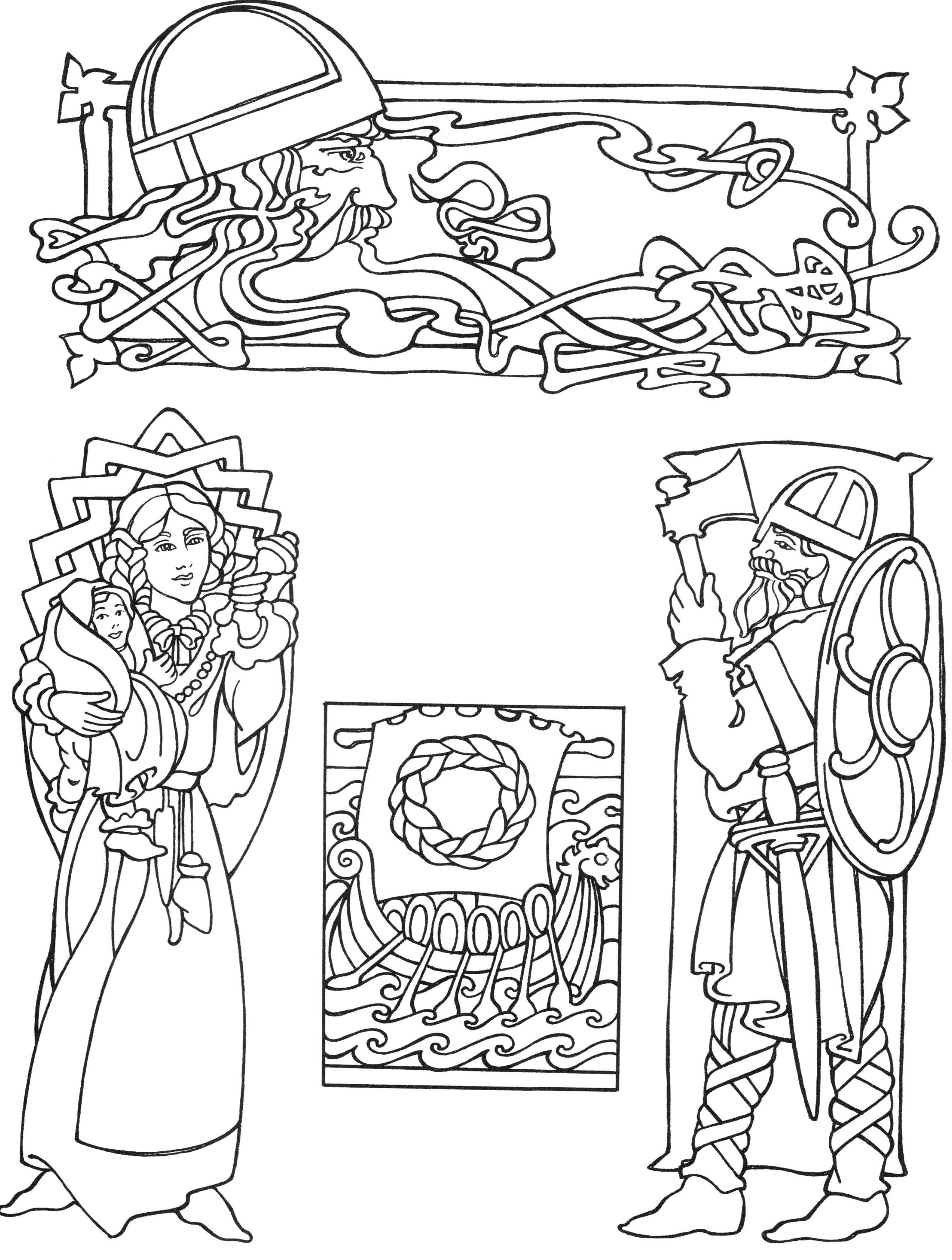

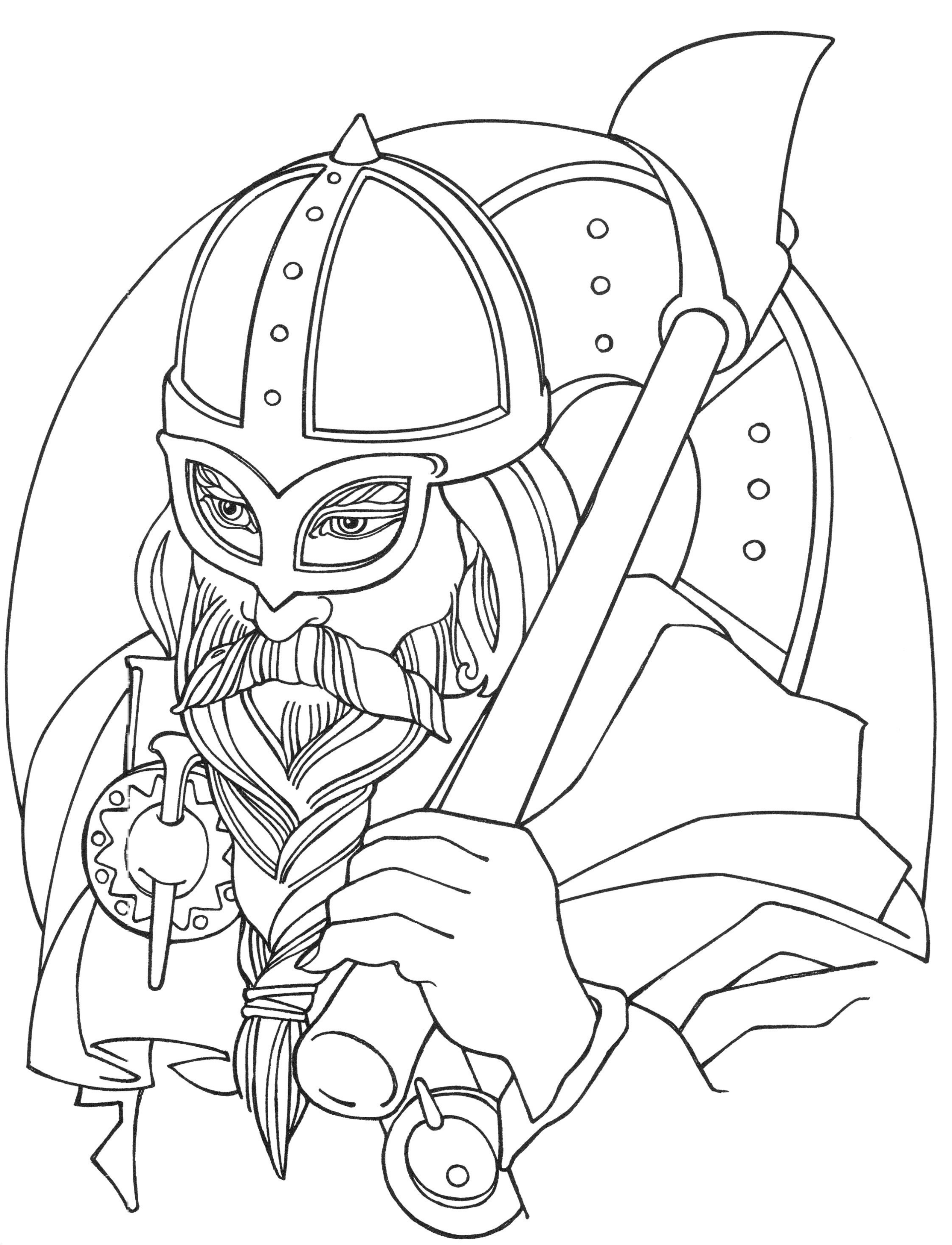

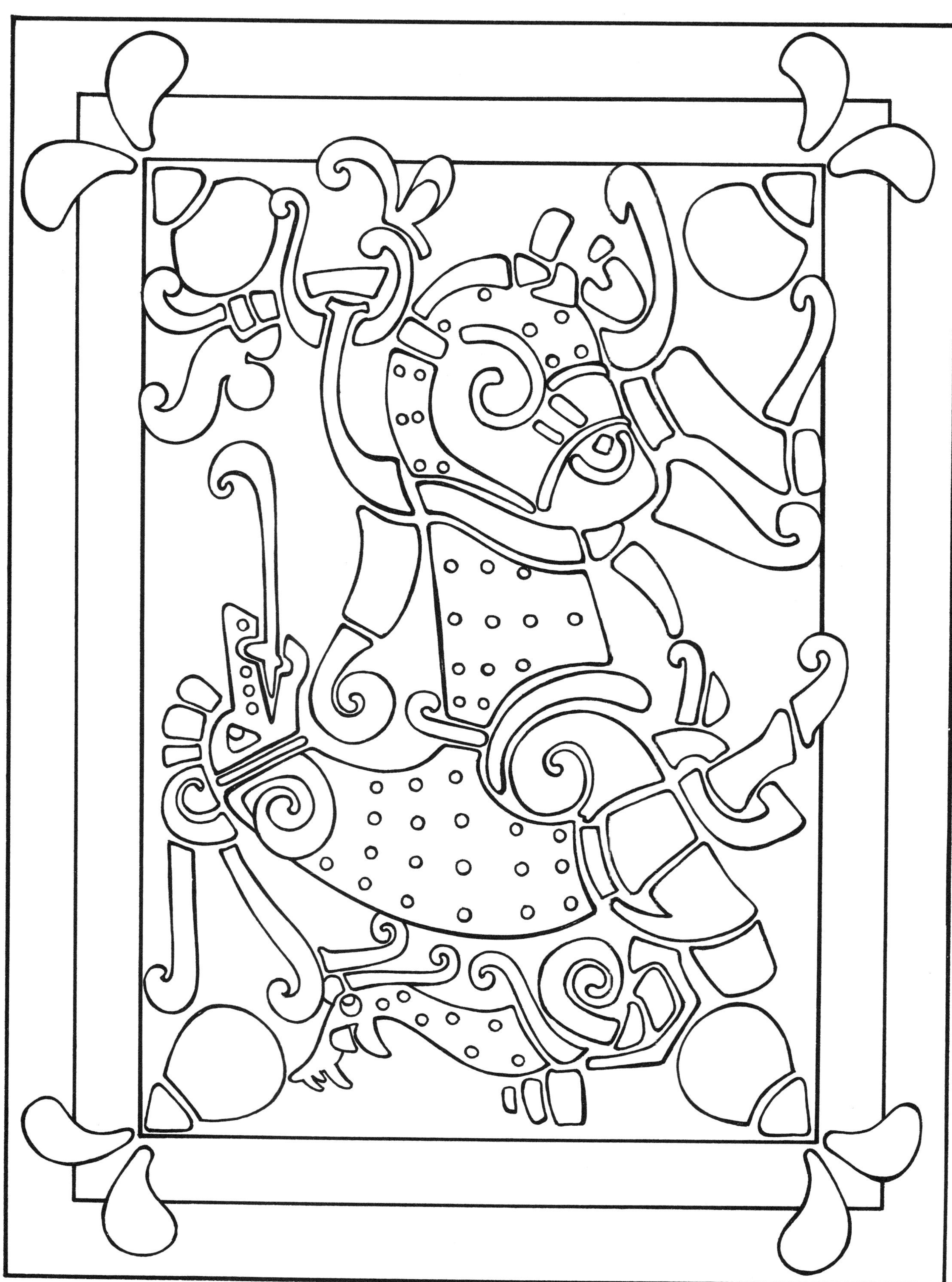

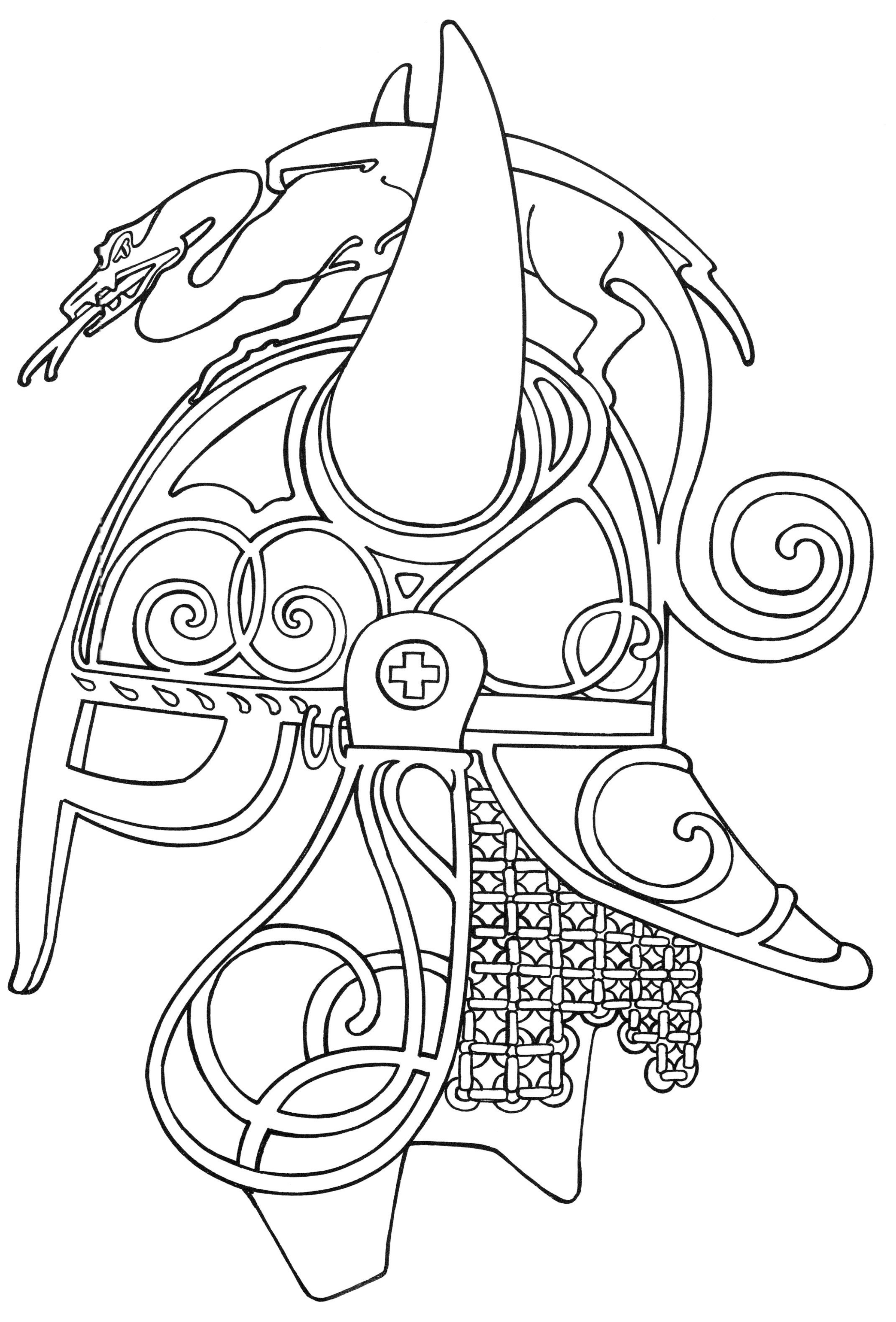

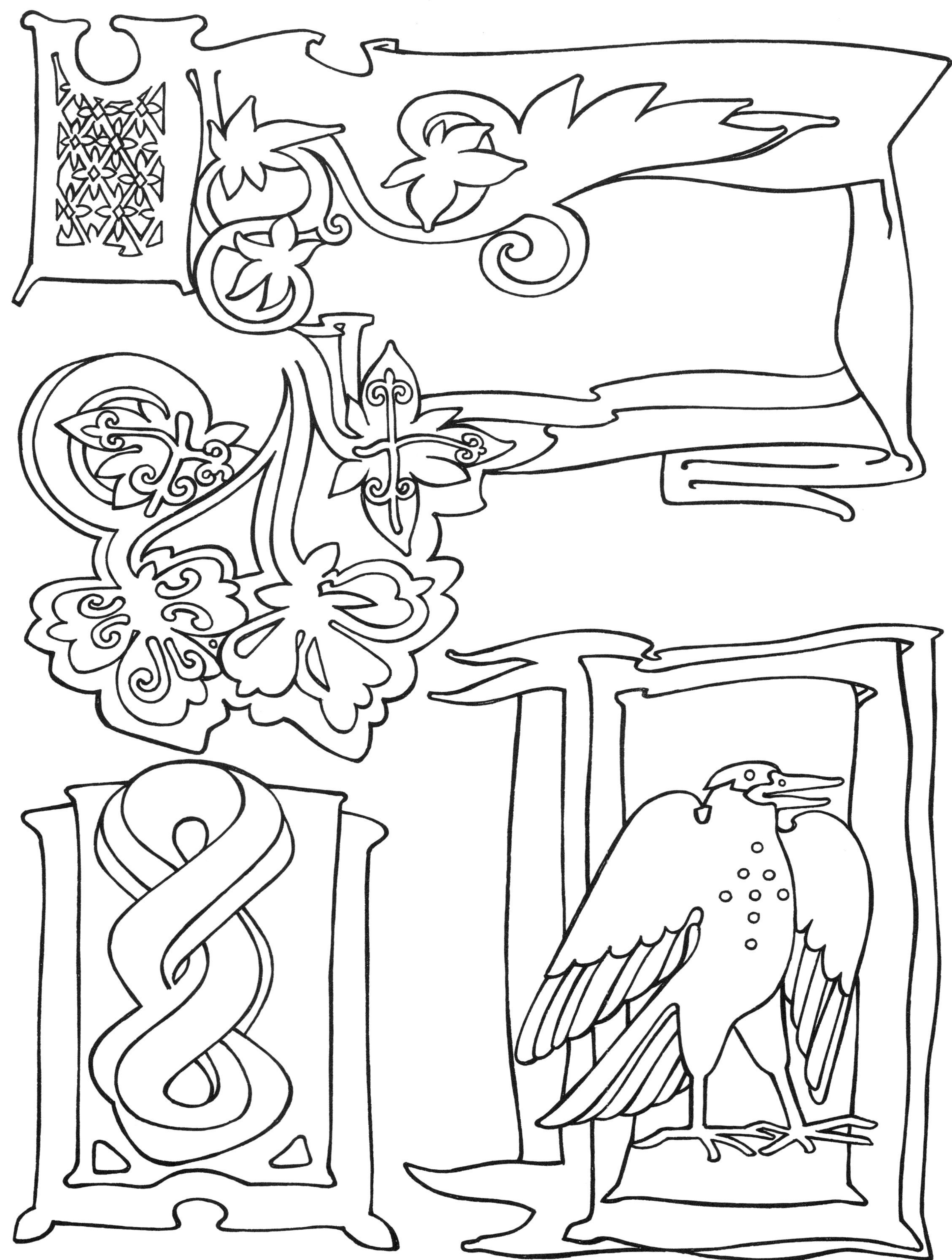

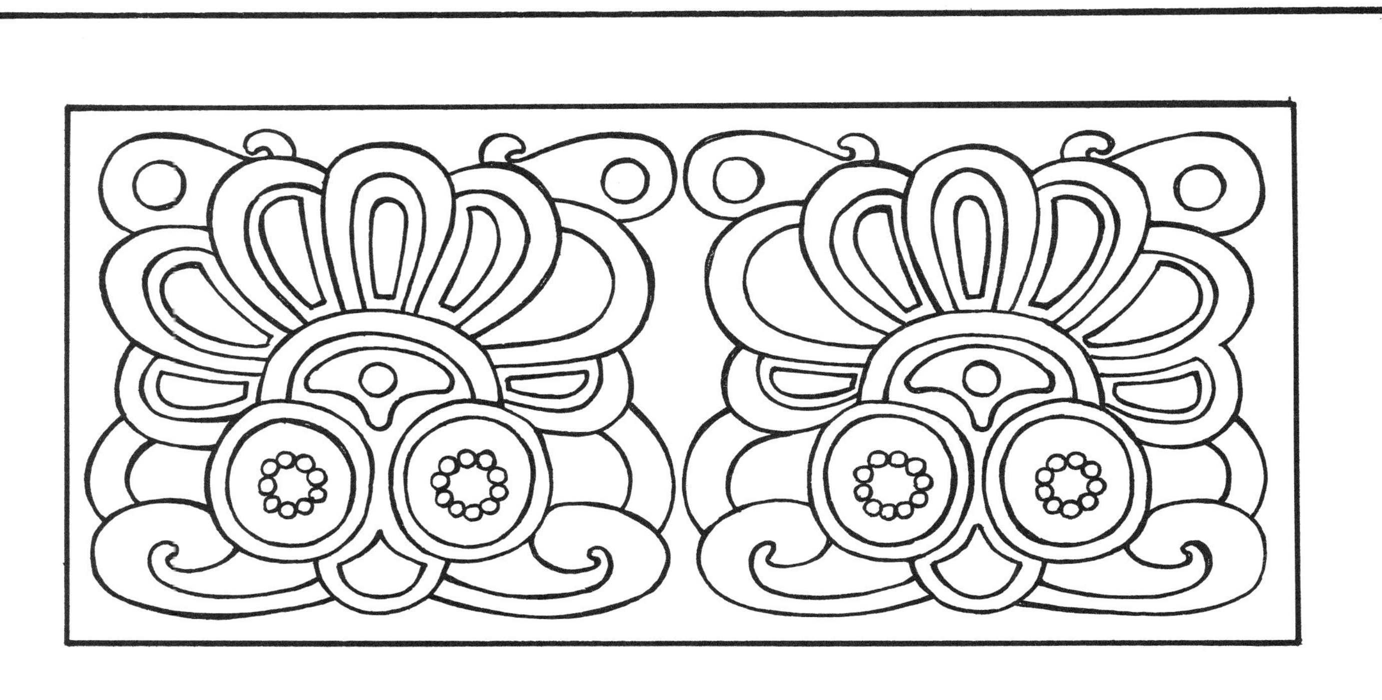

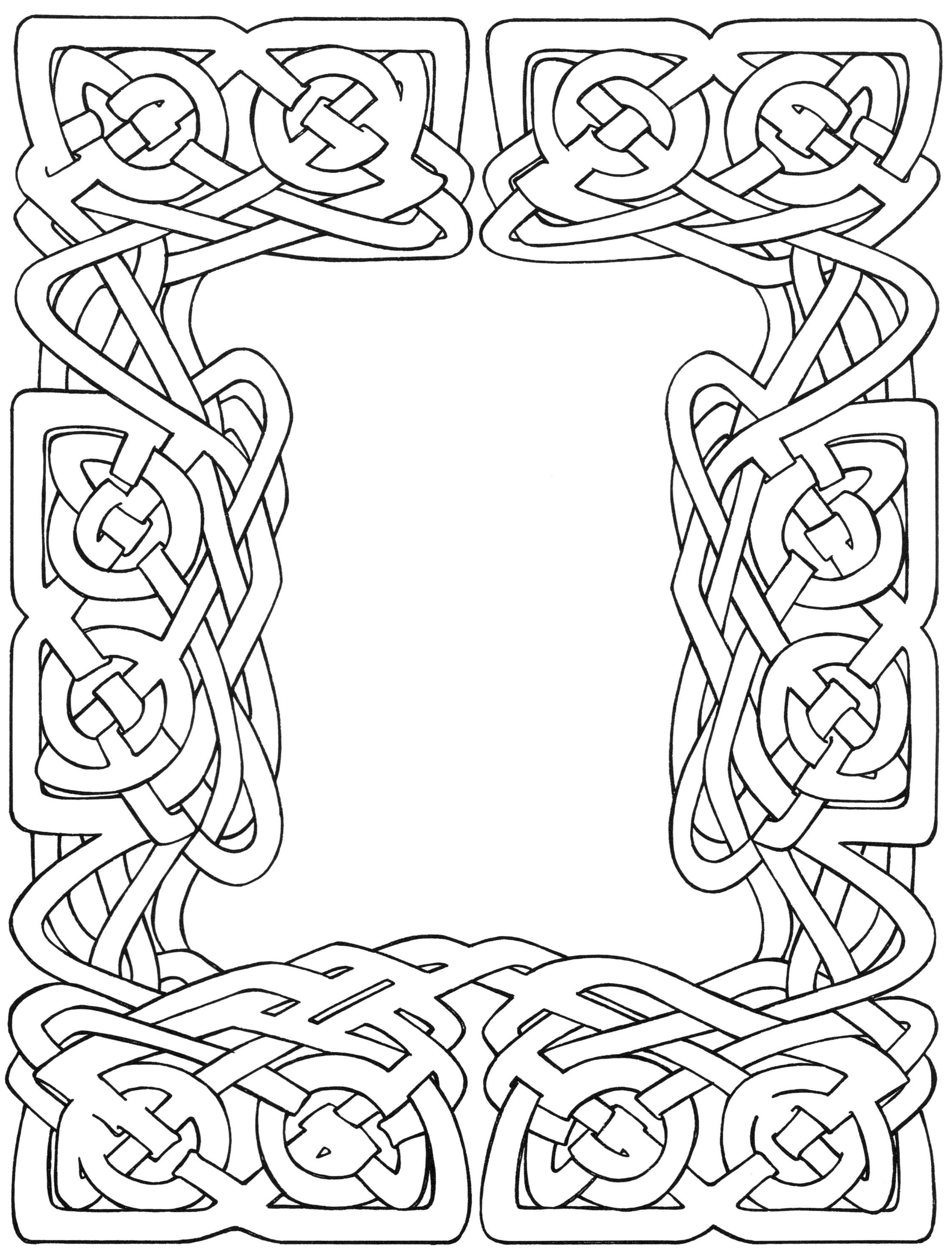

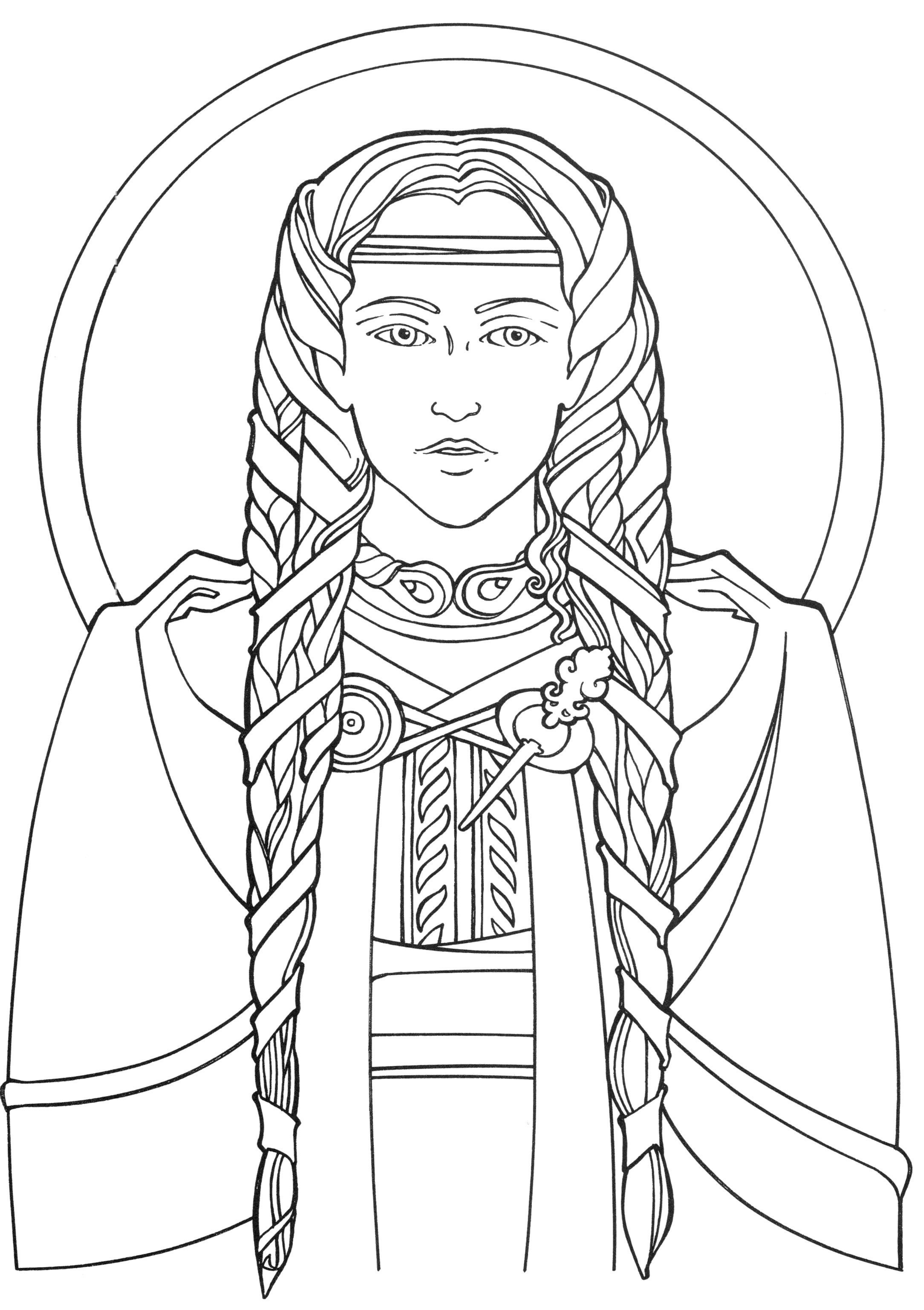

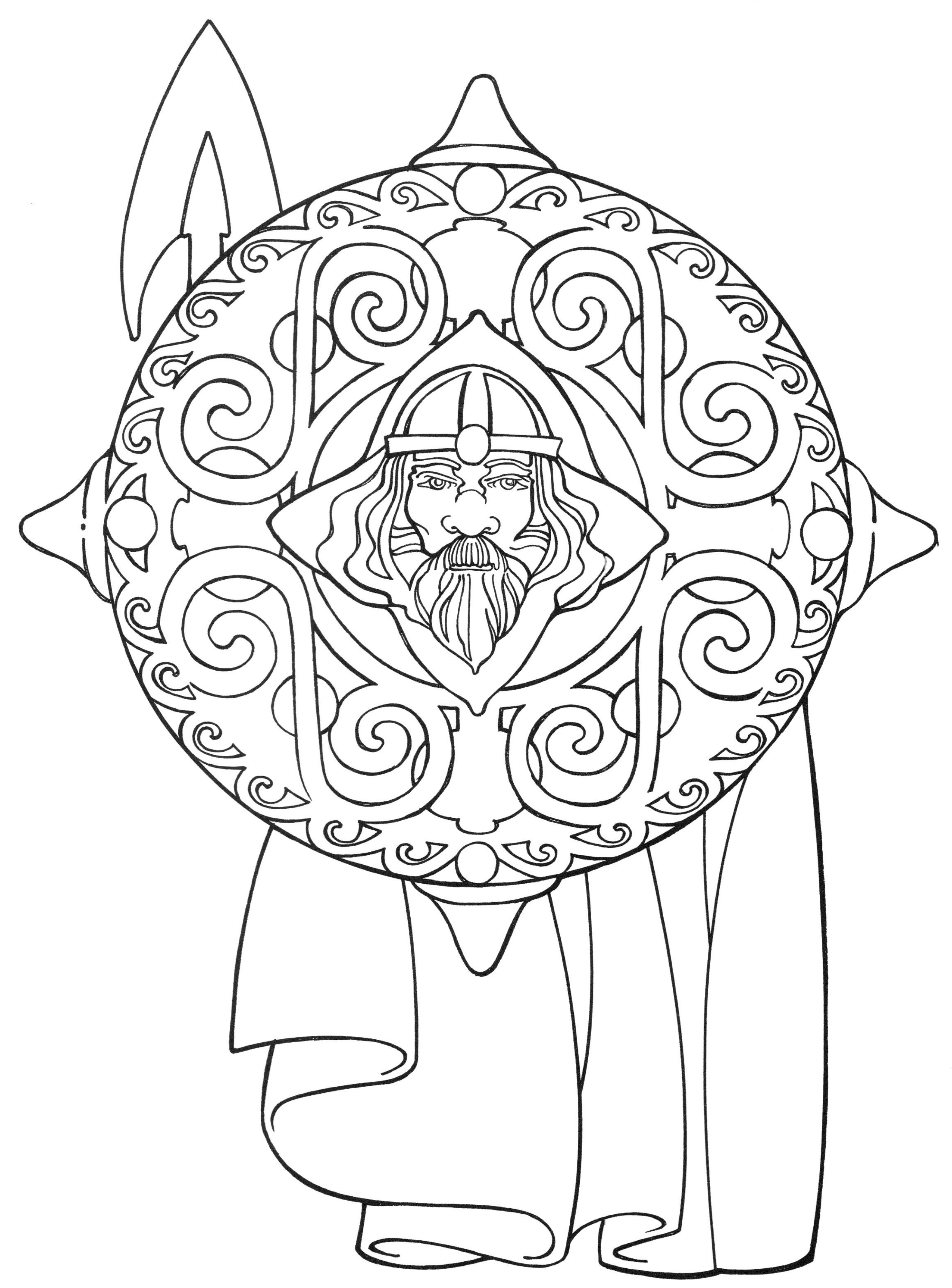

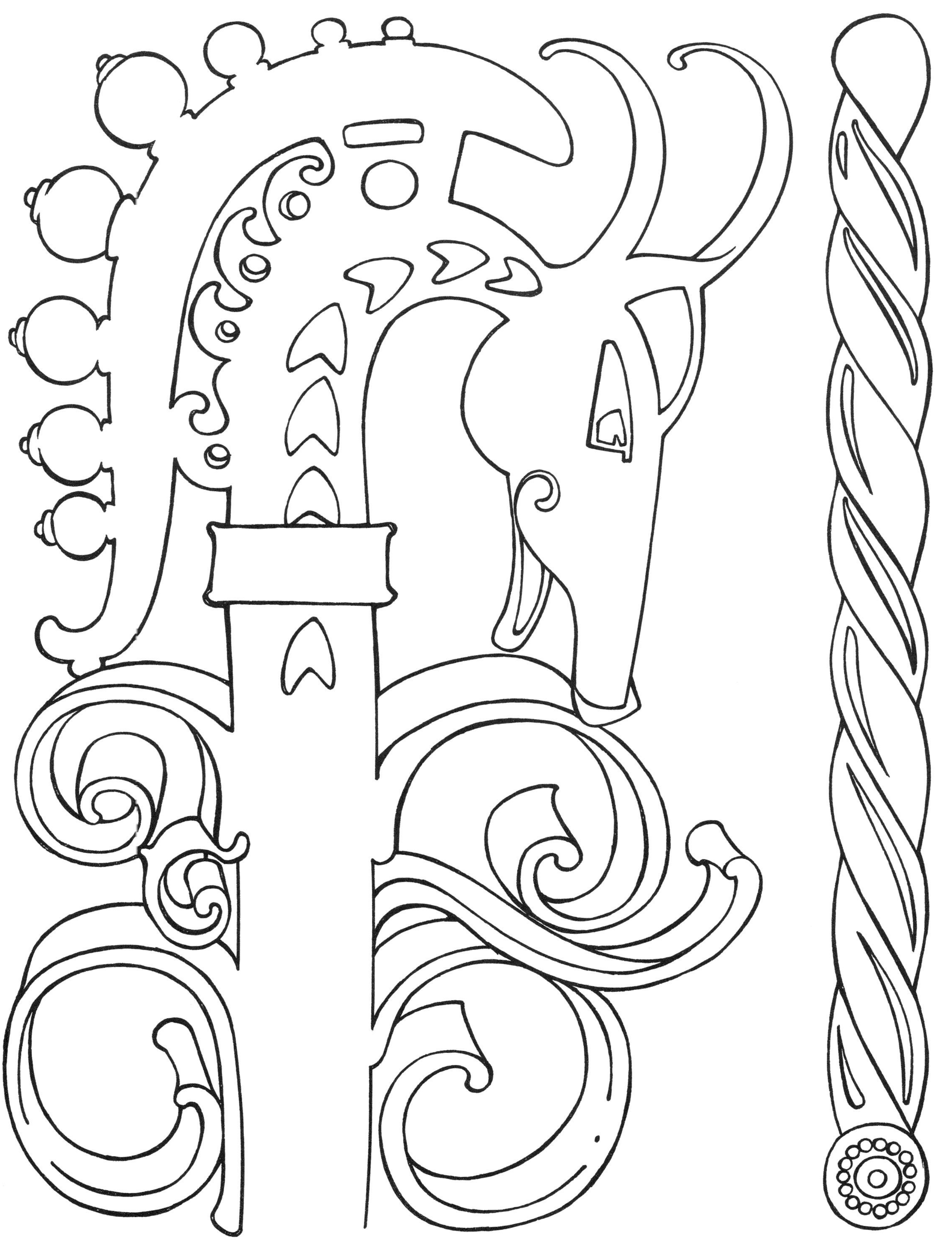

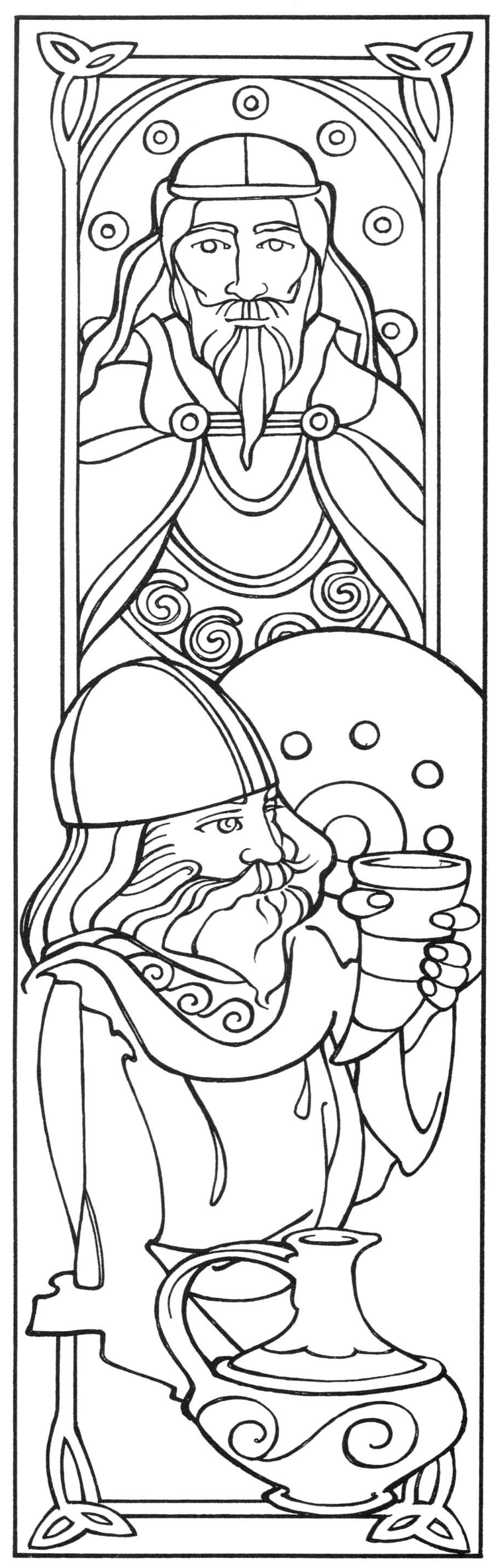

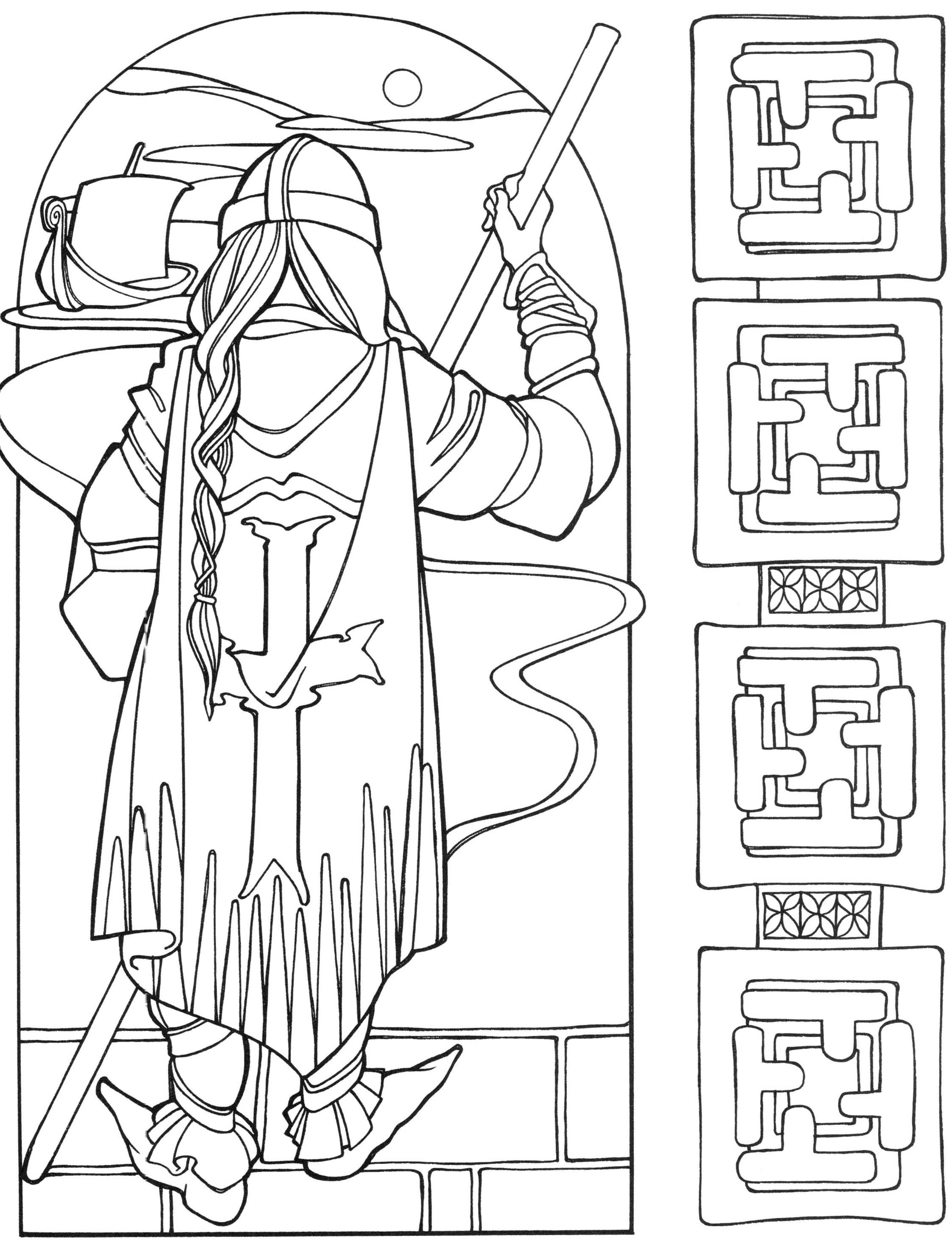

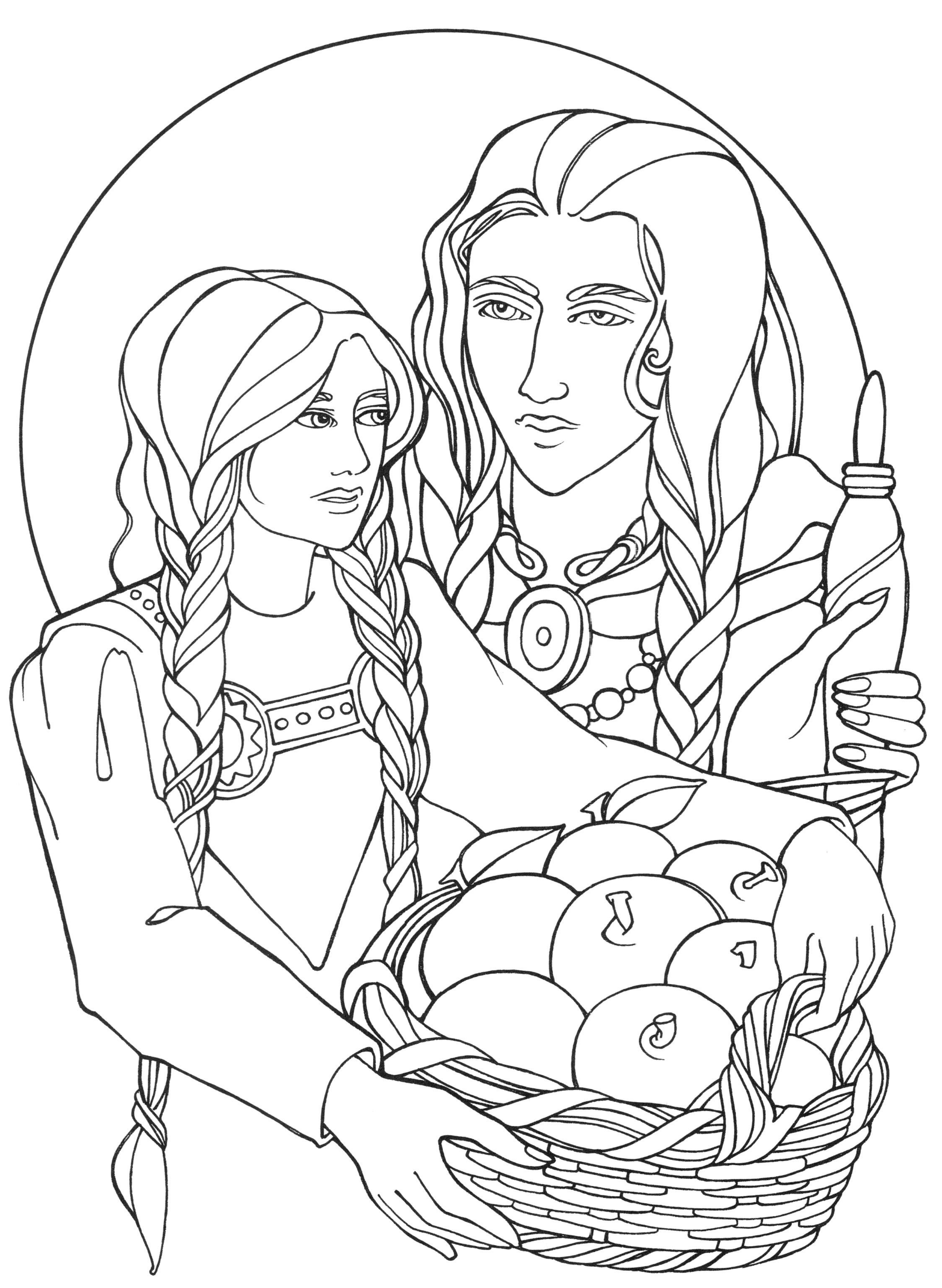

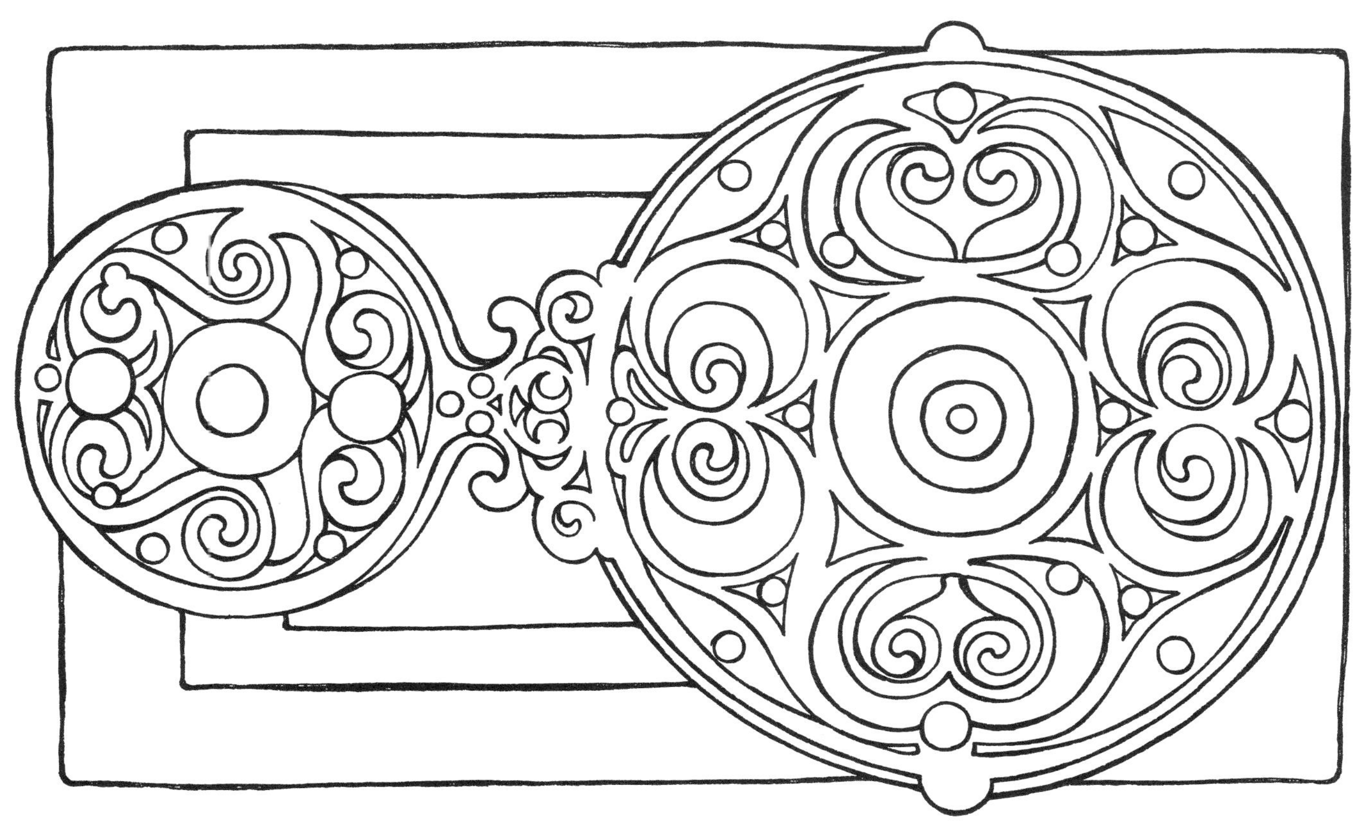

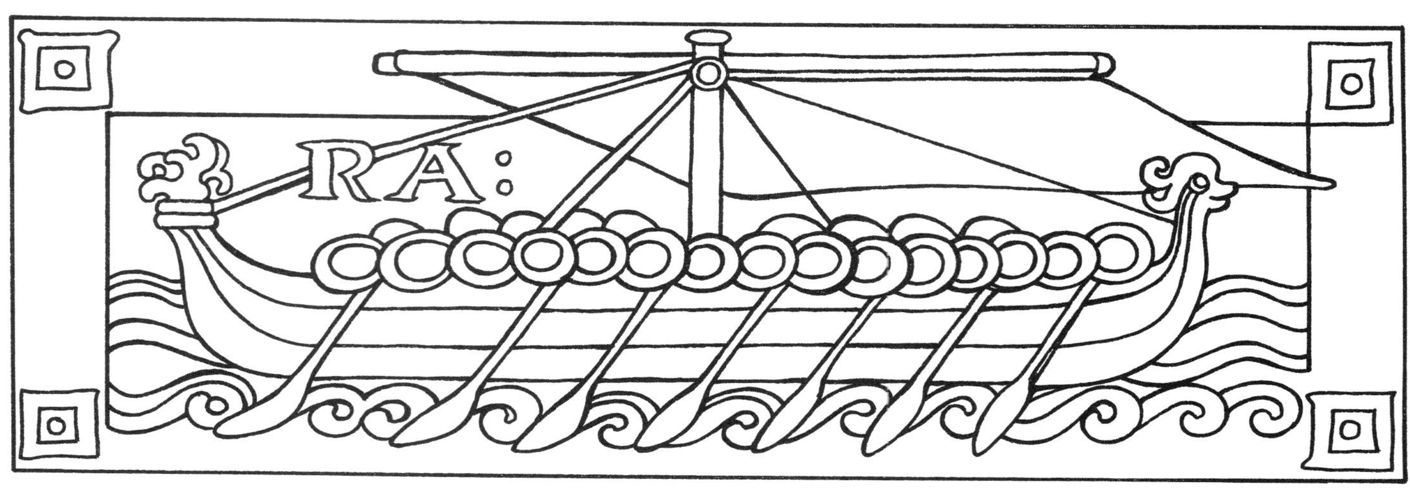
RA:

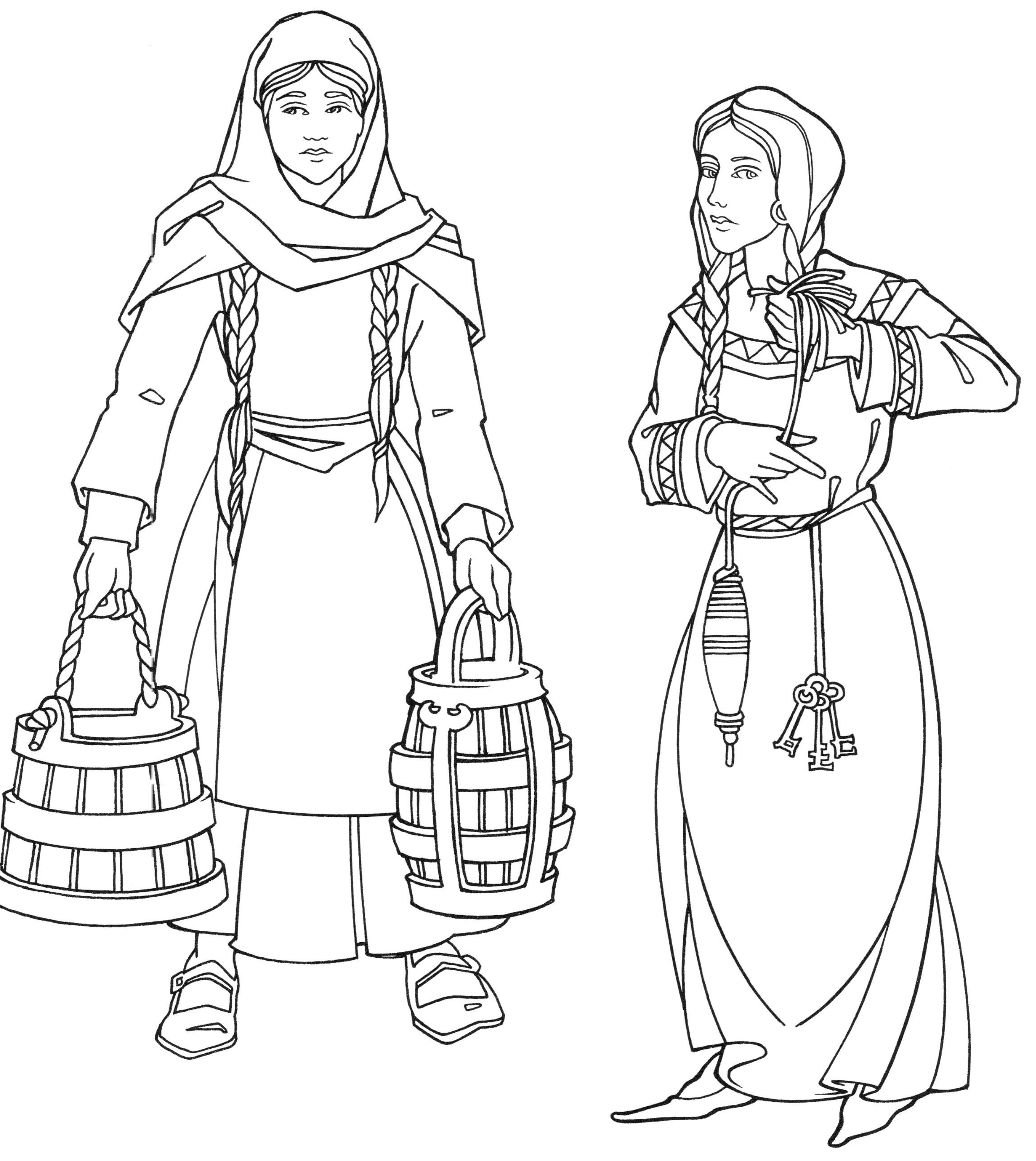

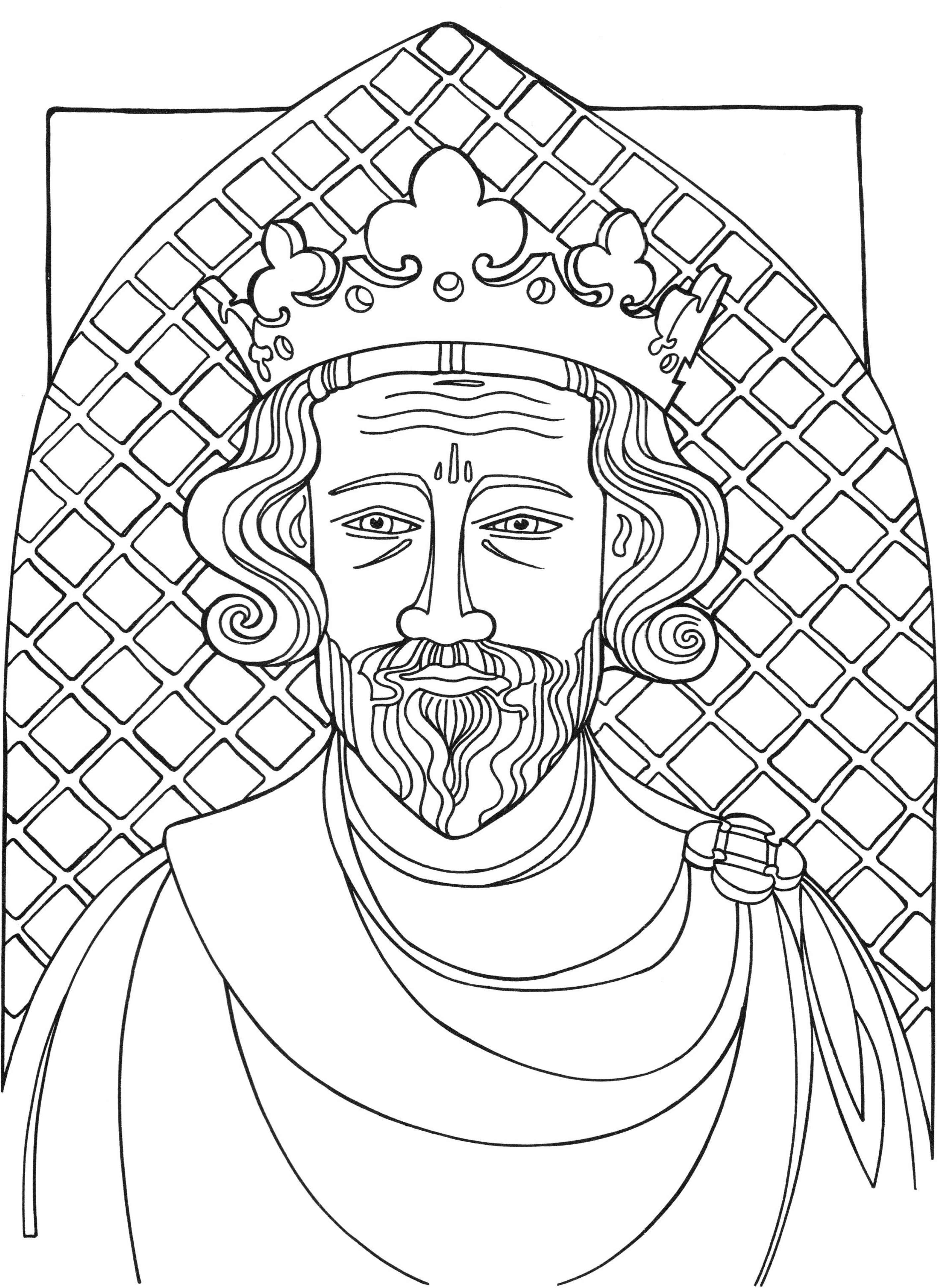

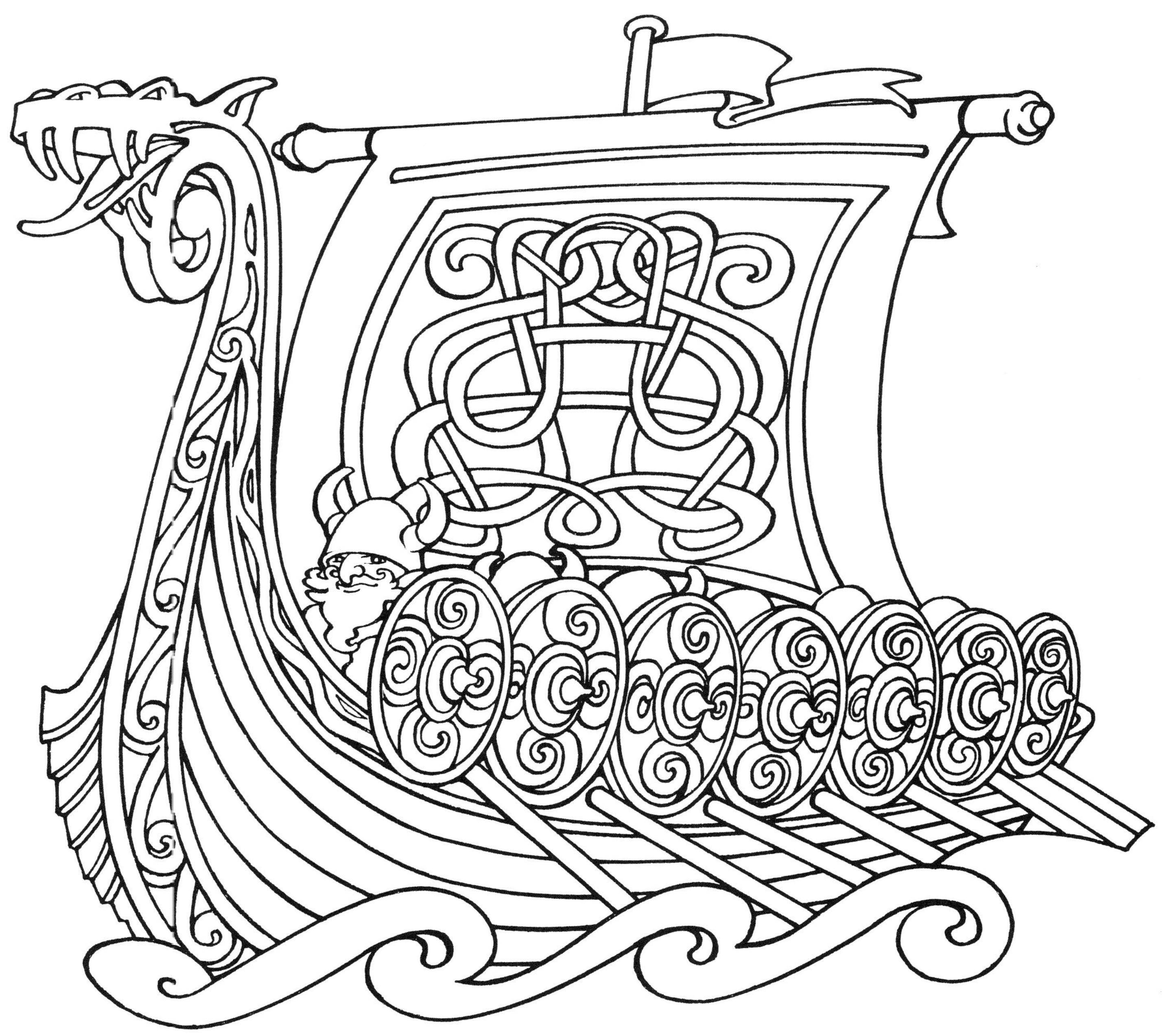

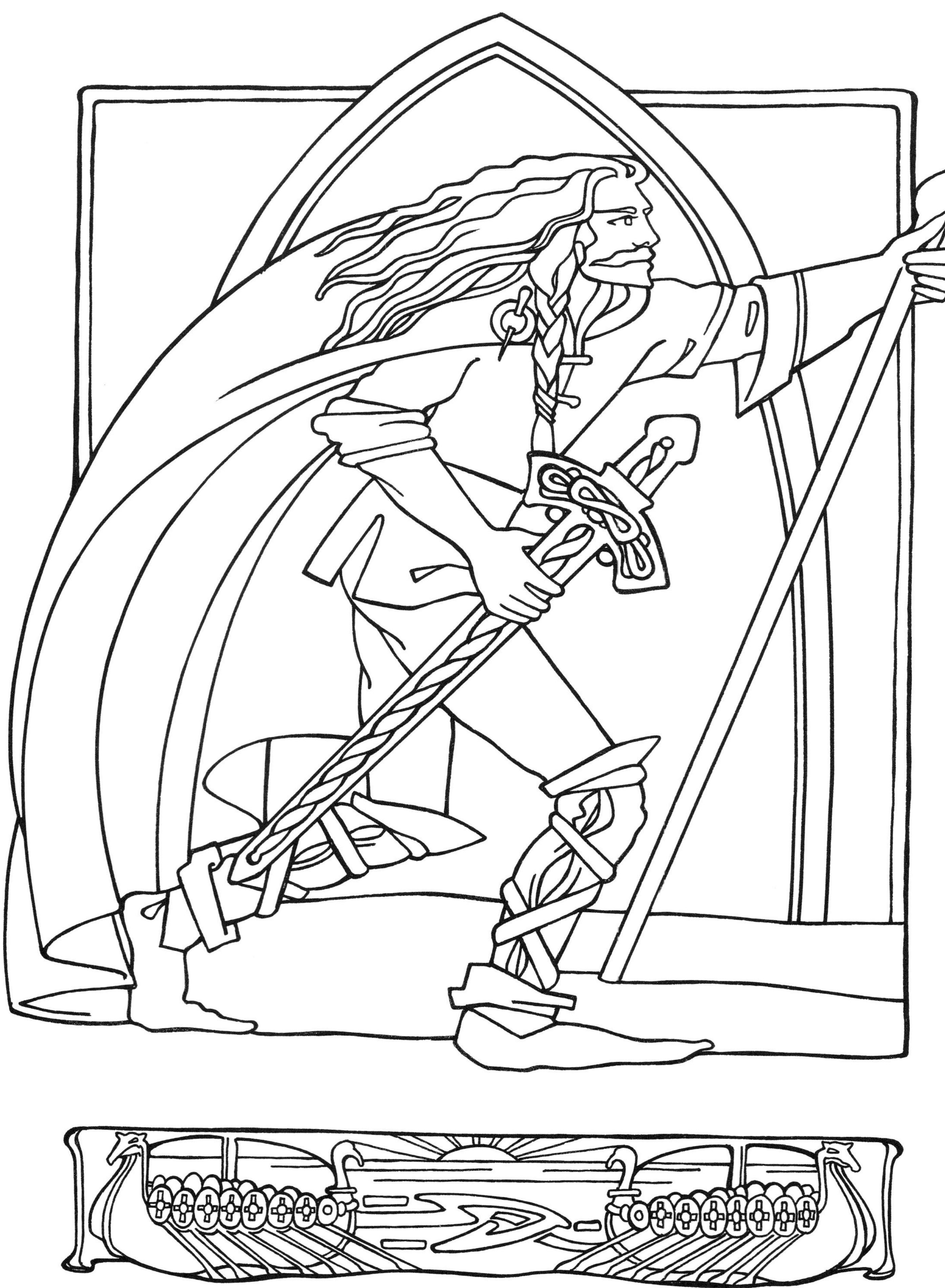

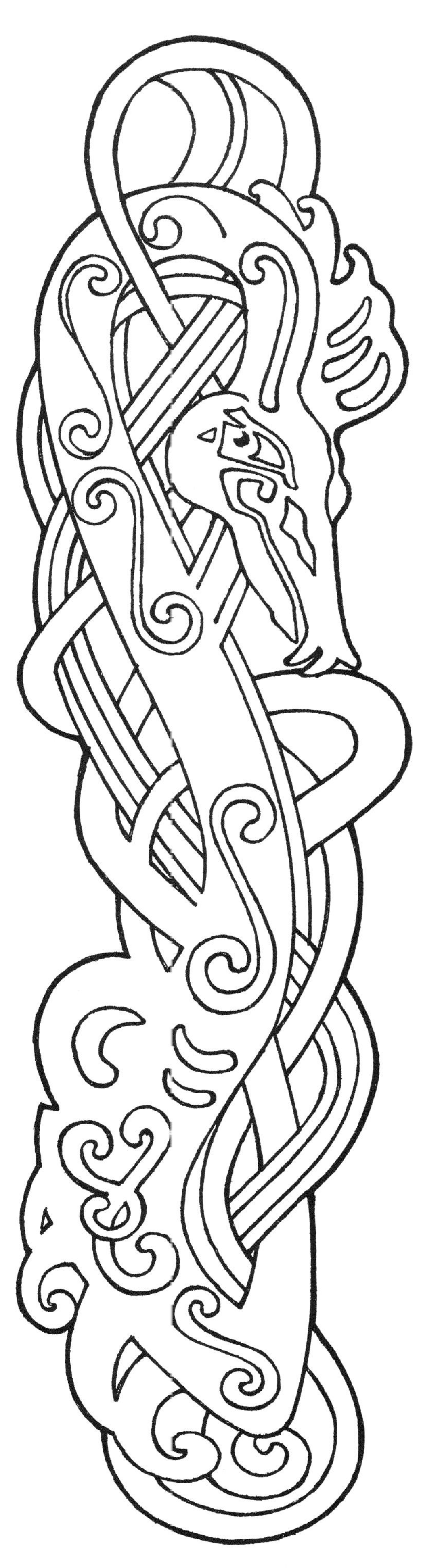
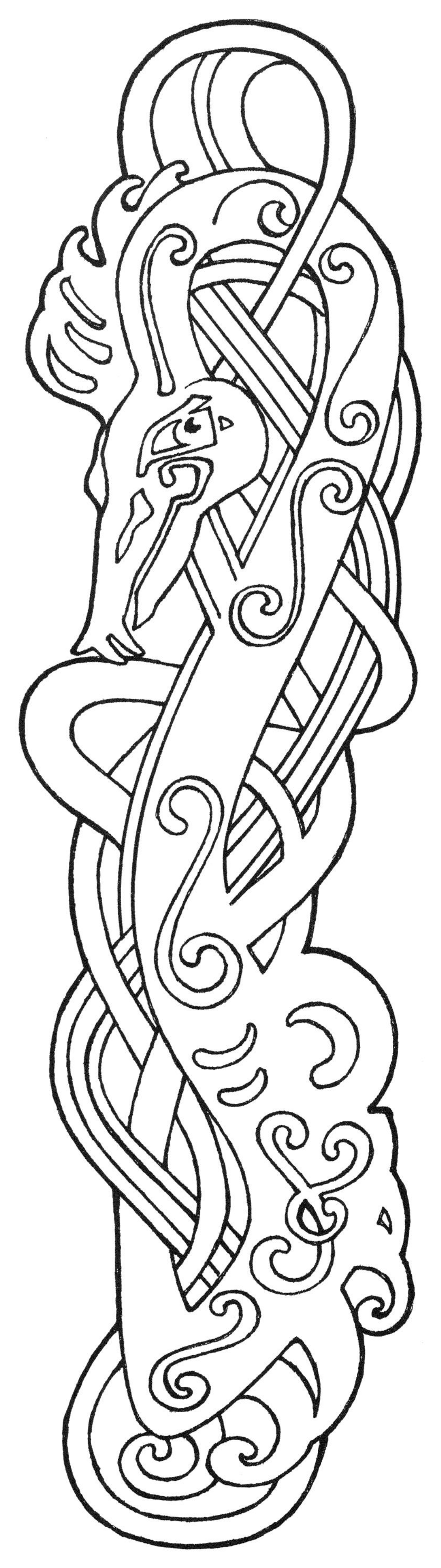

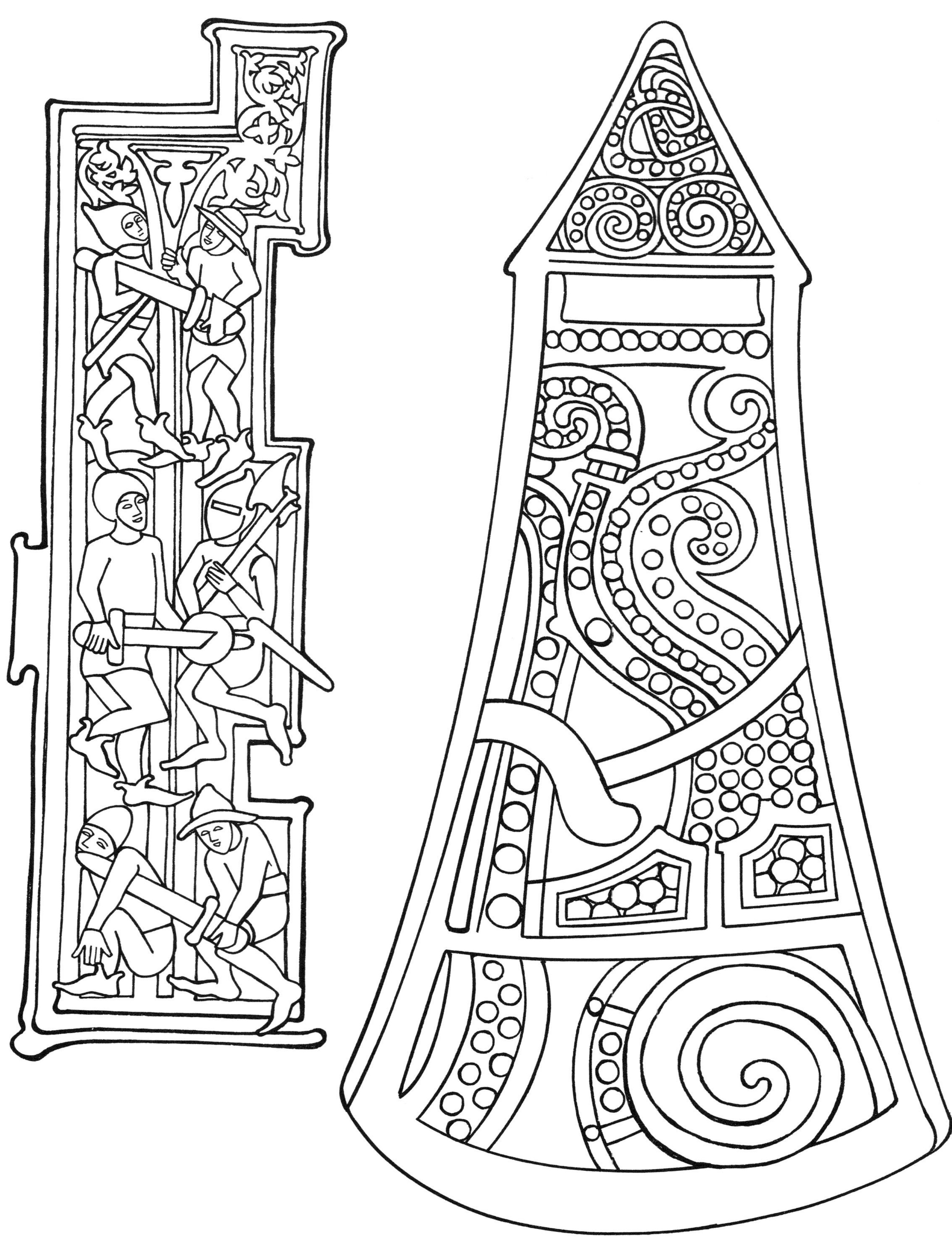

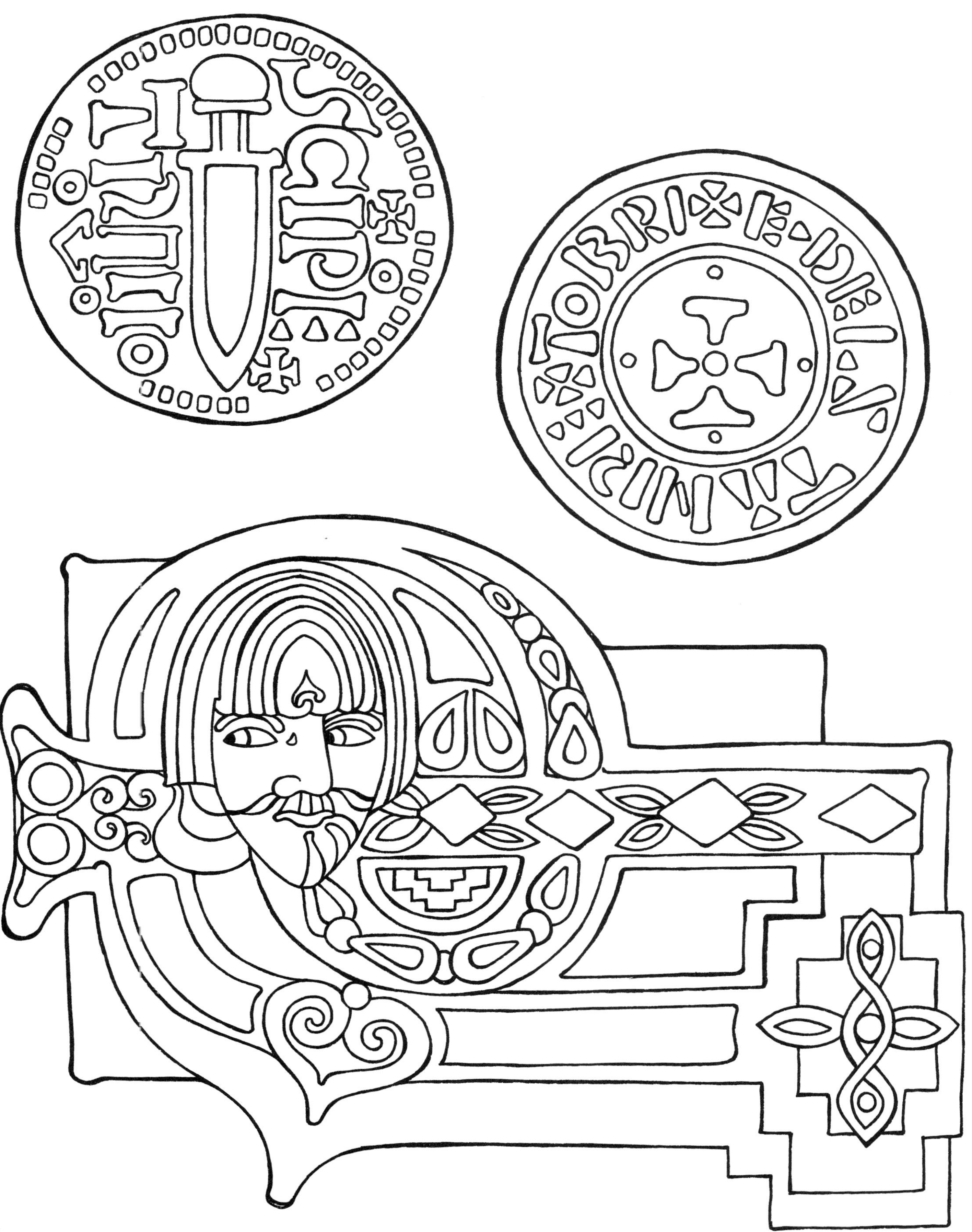

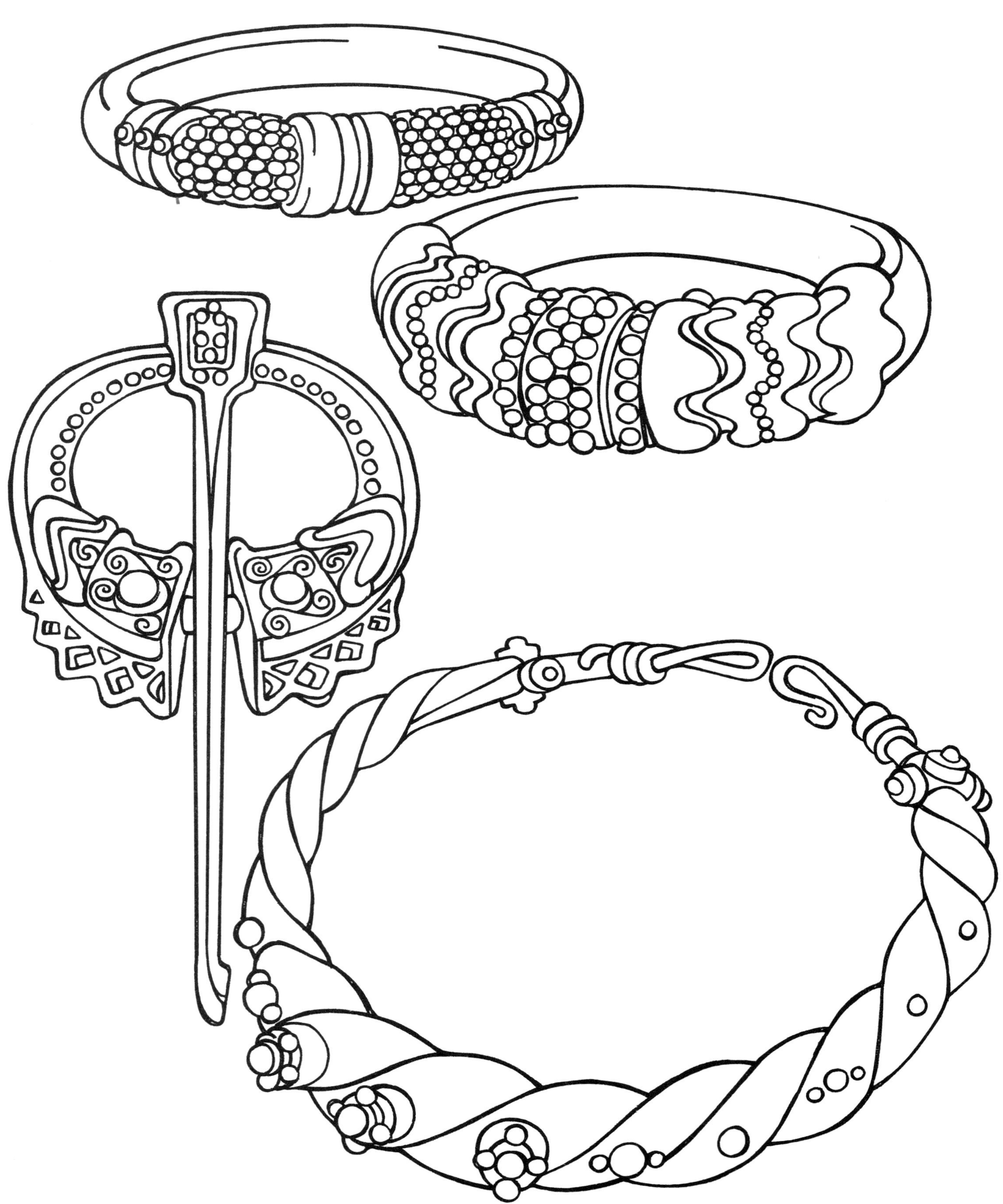

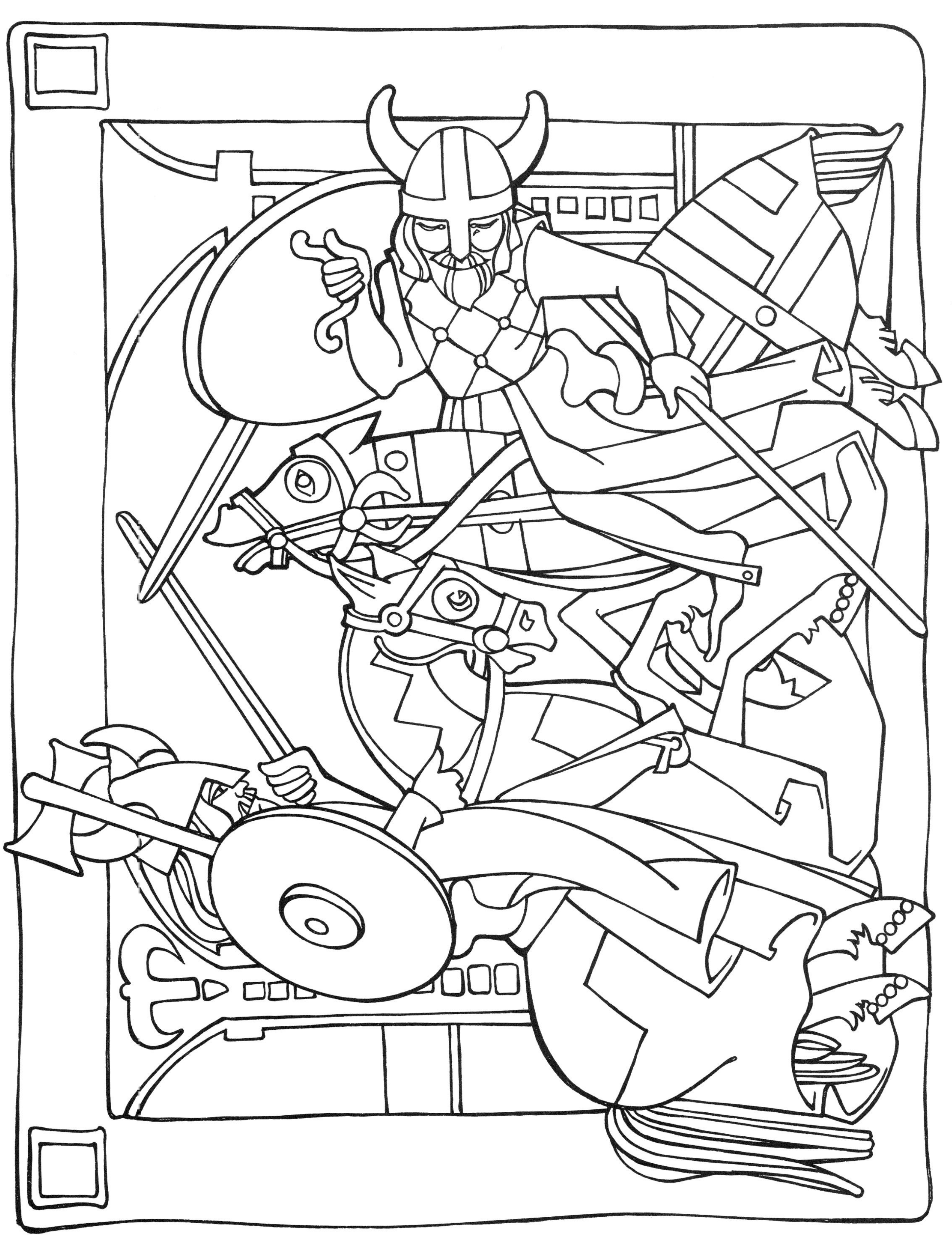

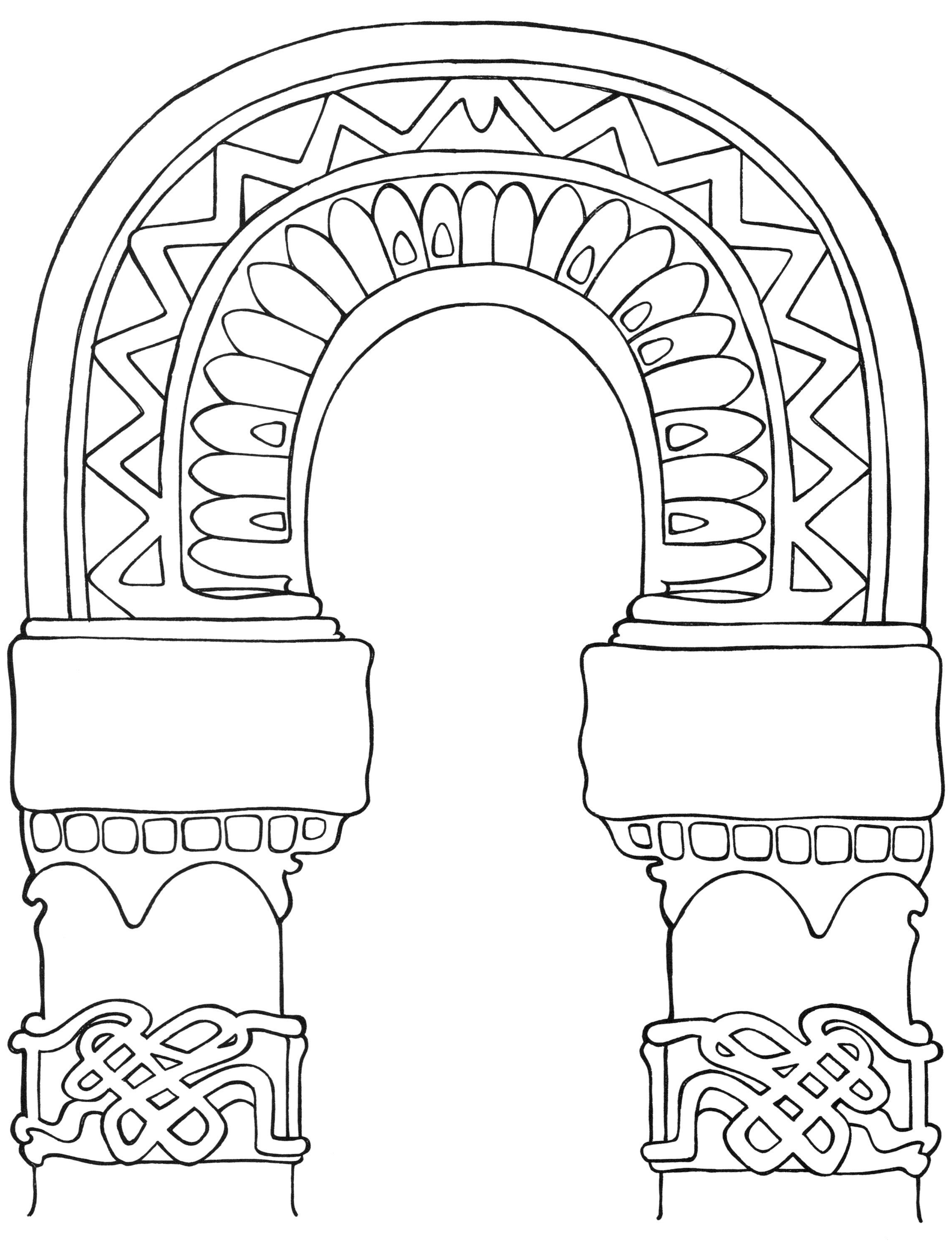

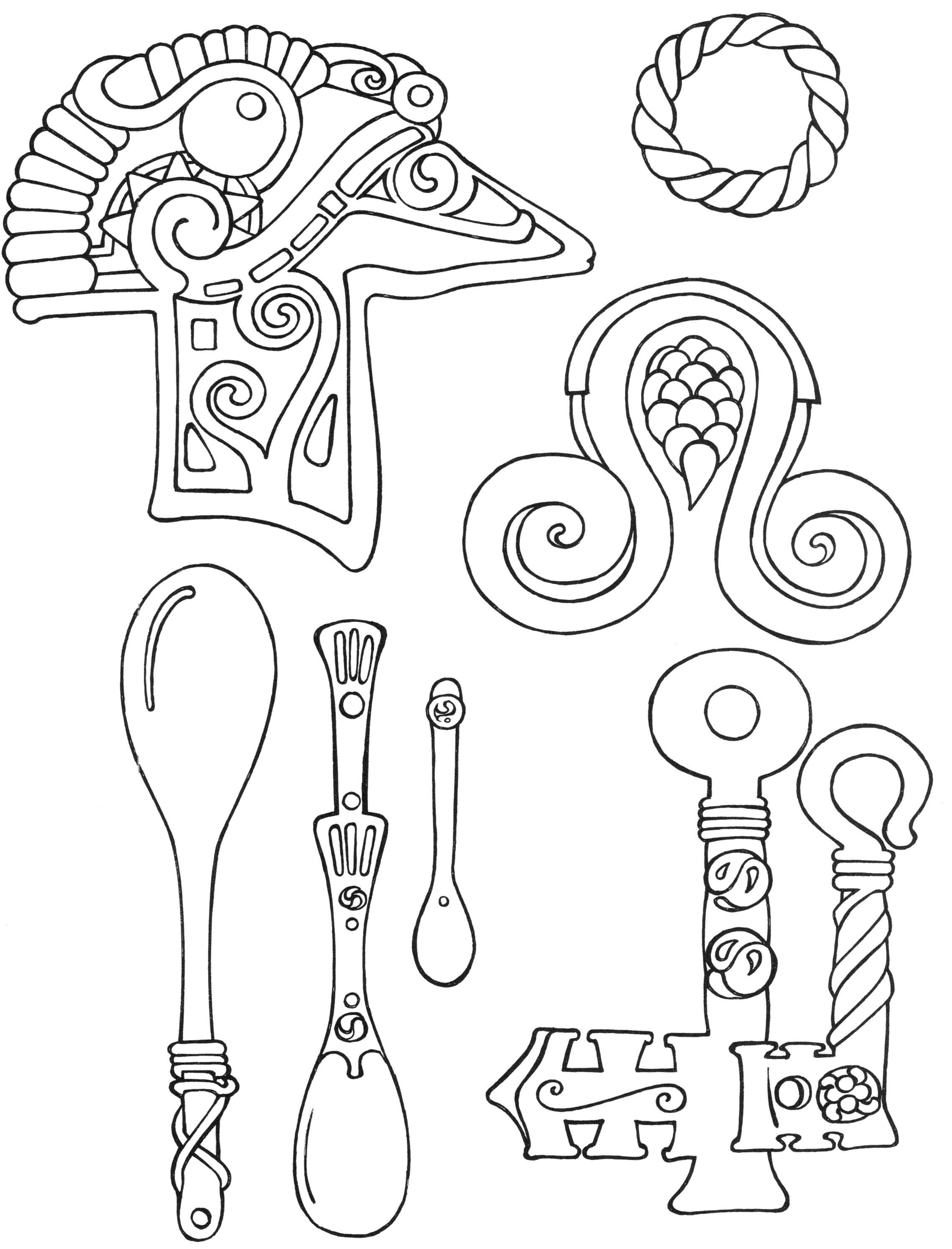

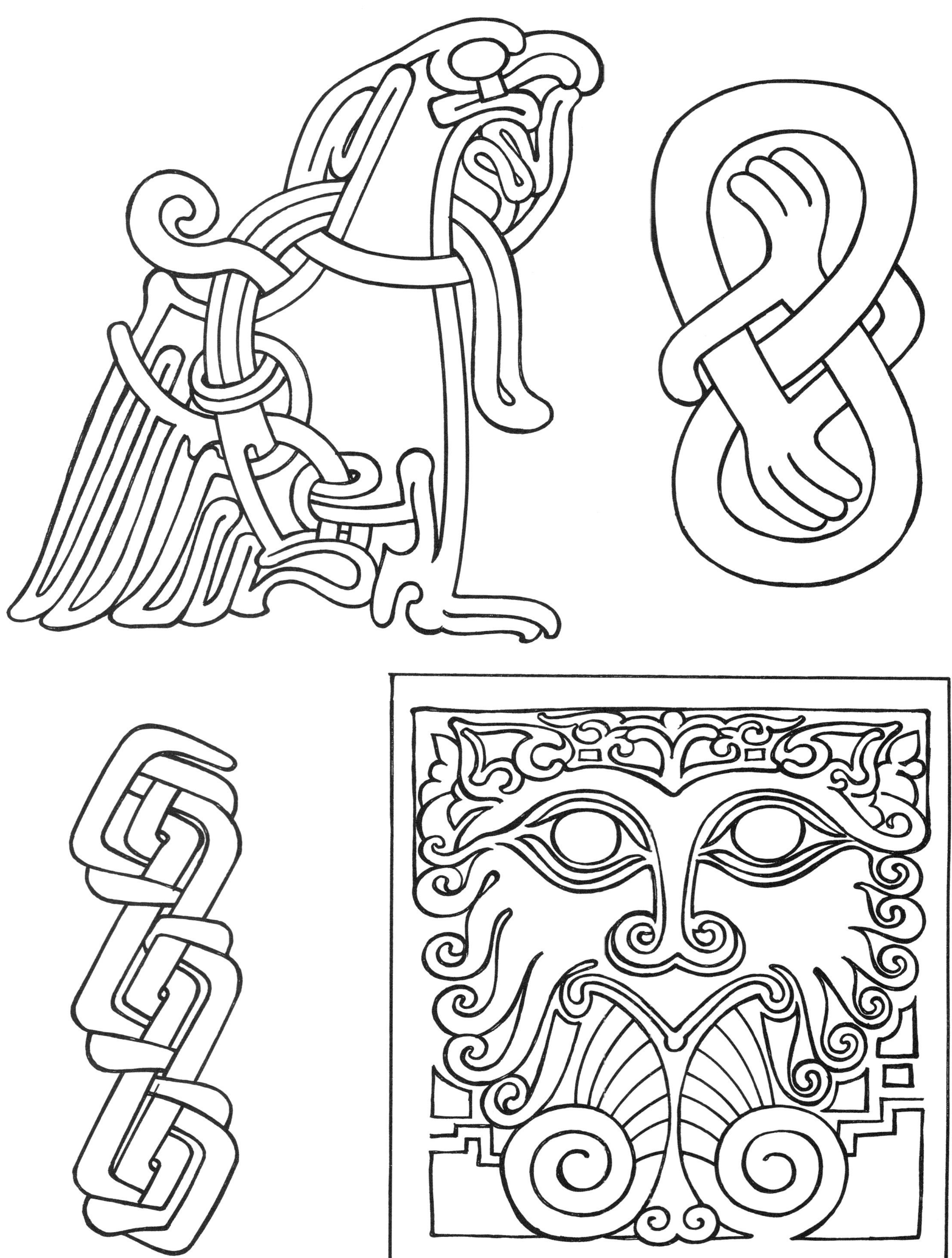

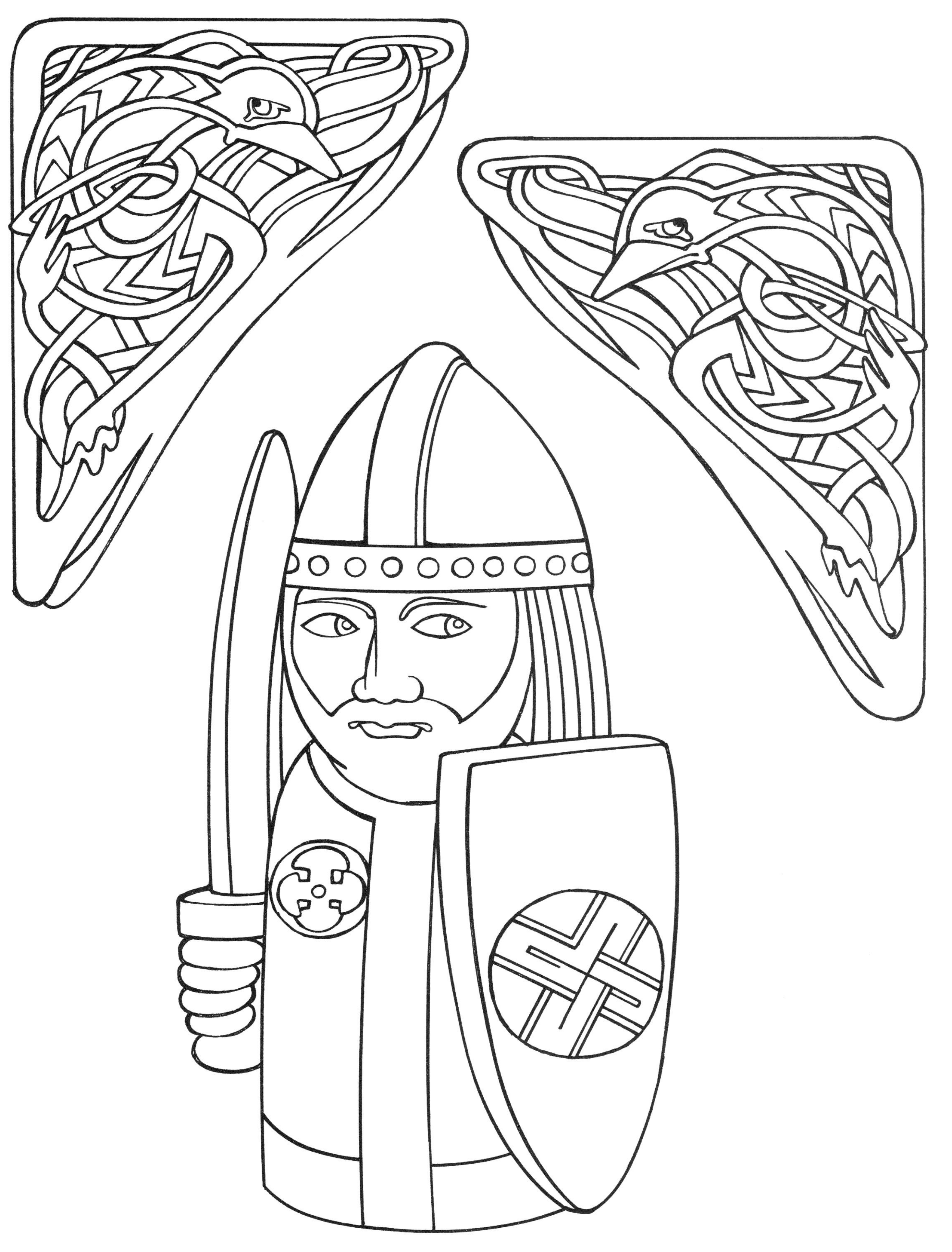

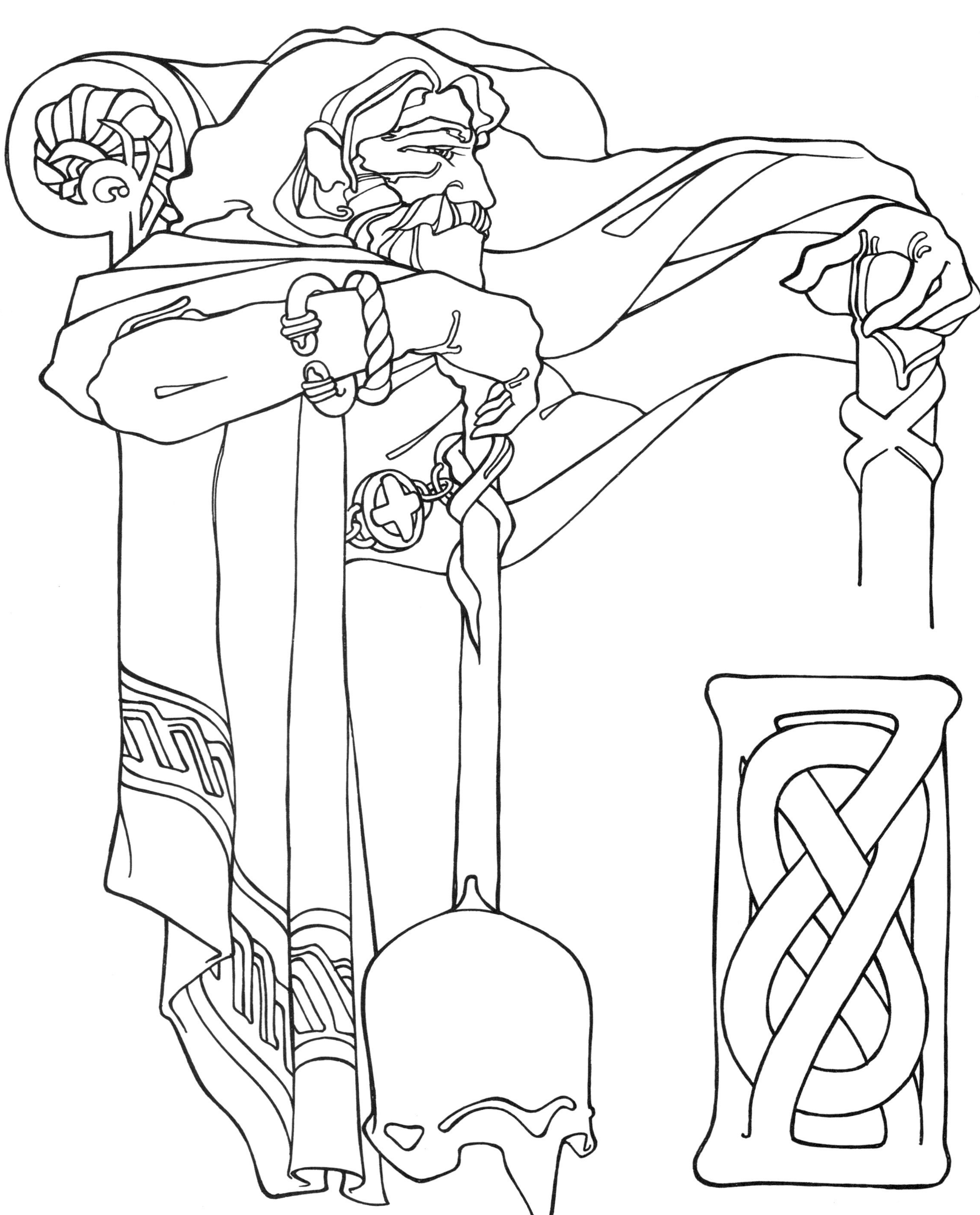